RECUEIL

DES

PLUS BEAUX TOMBEAUX

EXÉCUTÉS EN ITALIE

DANS LES XV° ET XVI° SIÈCLES

D'APRÈS LES DESSINS

DES PLUS CÉLÈBRES ARCHITECTES ET SCULPTEURS

MESURÉS ET DESSINÉS

Par A. GRANDJEAN DE MONTIGNY

ARCHITECTE, ANCIEN PENSIONNAIRE DE L'ACADÉMIE DE FRANCE A ROME.

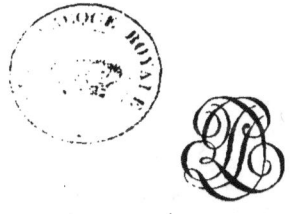

A PARIS,

DE L'IMPRIMERIE DE P. DIDOT L'AINÉ.

M DCCCXIII.

A MONSIEUR

LE CHEVALIER SIMÉON

COMMANDANT DE LA LÉGION D'HONNEUR
GRAND COMMANDANT DE L'ORDRE ROYAL DE WESTPHALIE
ANCIEN MINISTRE DE LA JUSTICE DU ROYAUME DE WESTPHALIE, etc.

Monsieur le Chevalier,

Votre goût éclairé pour les beaux arts, la protection que vous accordez à tous ceux qui les professent, et celle dont vous m'honorez particuliérement, m'enhardissent à vous faire l'hommage de ce Recueil, et à vous prier de l'agréer comme une marque de ma reconnoissance et de mon entier dévouement.

J'ai l'honneur d'être,

Monsieur le Chevalier,

Votre très respectueux serviteur,
A. GRANDJEAN DE MONTIGNY.

DISCOURS

PRÉLIMINAIRE.

De tous les monuments qui attestent la magnificence des anciens Romains, les Tombeaux sont peut-être ceux que le temps et les hommes ont le moins épargnés.

Ces monuments tant de fois violés, soit par cupidité, soit par un amour de la science mal entendu, ne présentent plus guère que des masses où l'œil le plus exercé a peine à retrouver les formes primitives.

Les savantes recherches de plusieurs antiquaires, quoique bien dirigées, augmentent les regrets que nous éprouvons en pensant que jusqu'à eux aucun architecte ne s'étoit occupé de mesurer ces monuments lorsqu'ils présentoient encore assez d'ensemble pour être reproduits dans leur première magnificence.

C'est au respect religieux que les anciens Romains portoient aux morts, et qu'ils ont transmis aux Italiens modernes, que nous devons cette foule de Tombeaux qui fait une des plus belles décorations de leurs églises et de leurs cloîtres.

Nous sommes redevables de ces belles productions aux artistes célèbres qui illustrèrent les XVe et XVIe siècles : à l'instar des maîtres de l'antiquité, ils nous présentent la mort séparée de tout ce qu'elle a de repoussant, et comme un doux repos.

Ces artistes, rivalisant alors de talents dans les somptueux édifices que les Médicis faisoient élever, se sont plus à payer le tribut de leur reconnoissance aux hommes qui pendant leur vie avoient su les distinguer; ils ont donné tous leurs soins aux monuments qui devoient faire passer à la postérité la mémoire de leurs bienfaiteurs.

Combien de regrets n'éprouverions-nous pas si nous étions privés de ces productions qui nous retracent tant de beaux détails que ces maîtres ont puisés dans l'antiquité, qu'ils ont dû connoître mieux que nous.

Les changements nécessités par les embellissements que l'on fait journellement à Rome en ont fait déplacer plusieurs dans le cloître de Sainte-Marie-du-Peuple.

Ces motifs, joints au desir de faire connoître ces monuments remarquables par leur élégante simplicité et par la richesse de leur construction, m'ont engagé à réunir dans un Recueil ceux de ces Tombeaux qui présentent entre eux assez de variété*.

Je me croirai payé de mes peines si le public accueille favorablement cet ouvrage, et s'il peut contribuer à multiplier ce genre de monuments que nous consacrons aux hommes illustres, et que la piété élève dans les enceintes destinées à recevoir les dépouilles mortelles de nos pères.

---

* Je dois une partie des dessins qui composent cette collection à M. Famin, avec qui je les mesurai en Italie.

DÉTAILS DU TOMBEAU DE B. BASSO DANS L'ÉGLISE DE S.^{TE} MARIE DU PEUPLE A ROME.

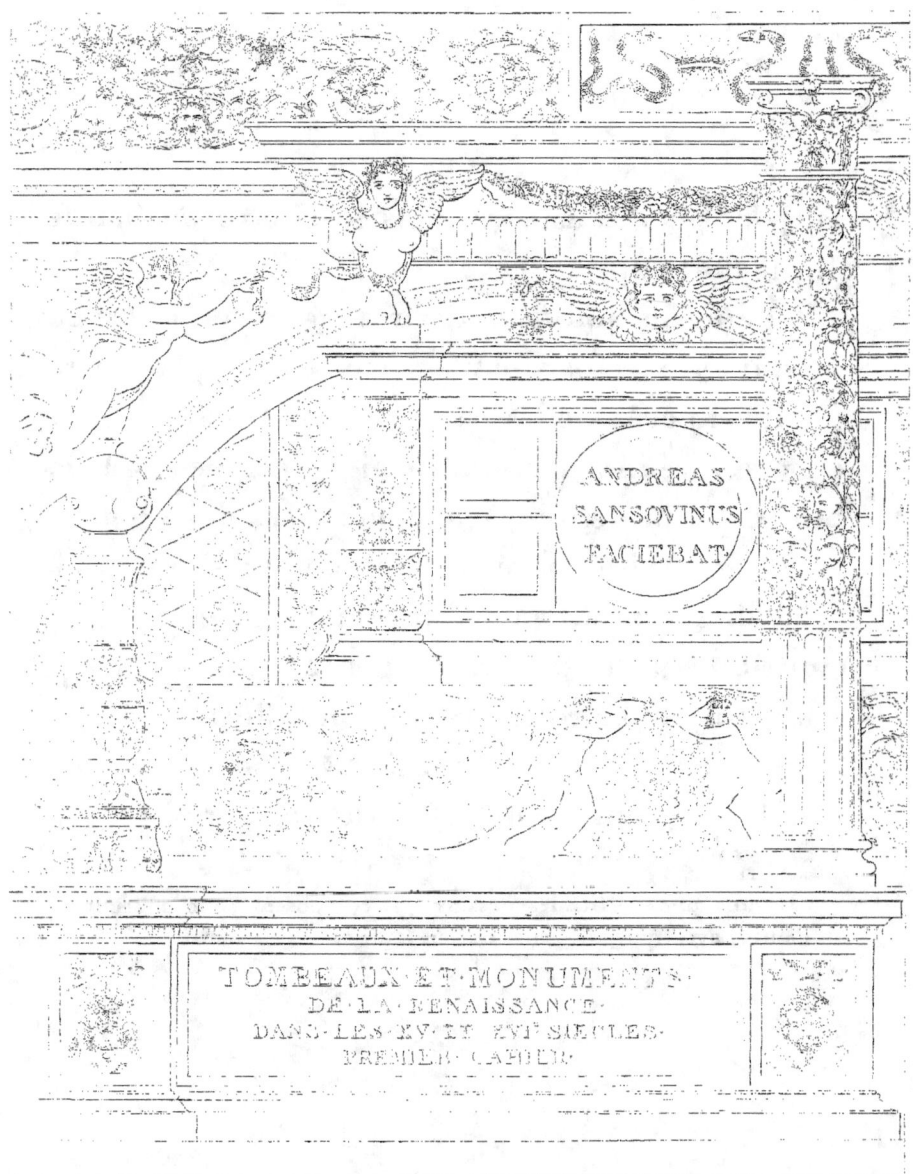

TOMBEAU DE H. BASSO DANS LE CHOEUR DE L'EGLISE DE S.^{TE} MARIE DU PEUPLE A ROME. Pl. 2.

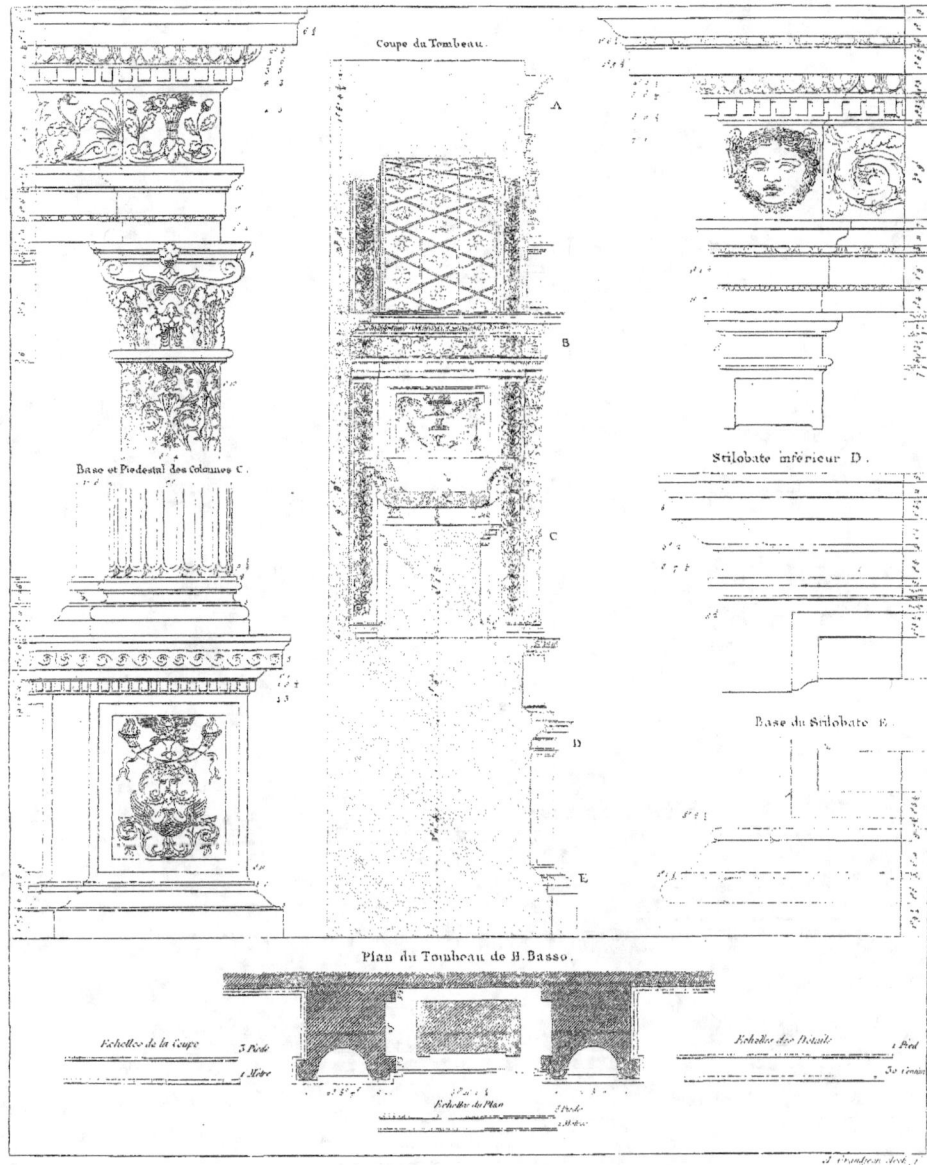

TOMBEAU DE N. CATTANAE DANS LE CLOITRE DE S.TE MARIE DU PEUPLE, A ROME.

Pl. 4.

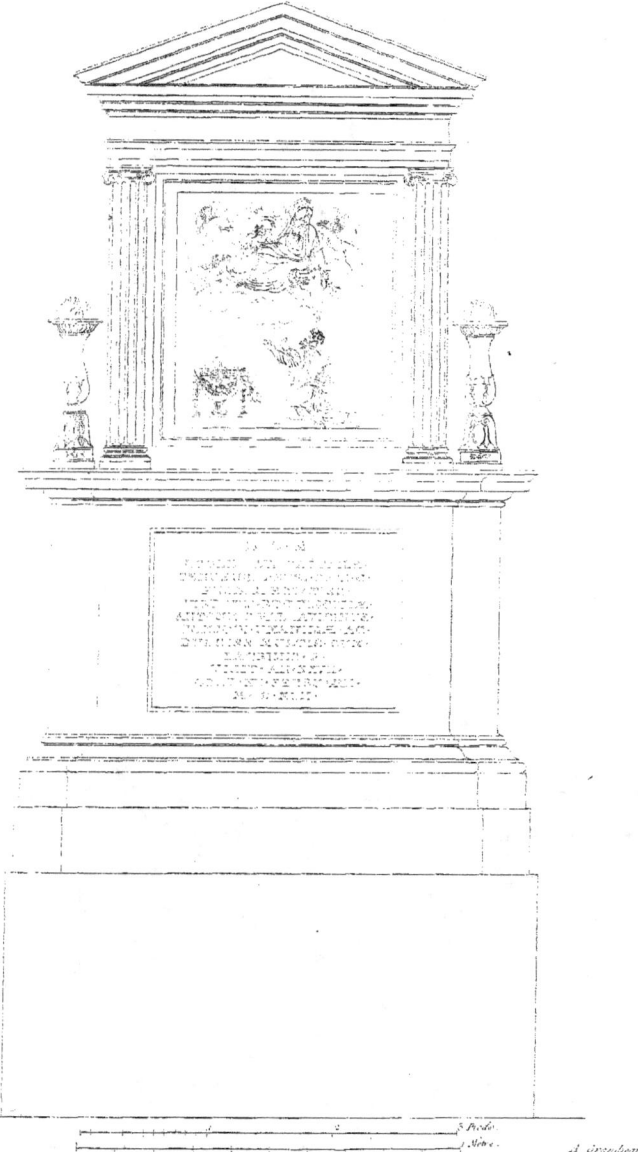

MONUMENT DANS LE CLOITRE DE Ste MARIE DU PEUPLE A ROME.

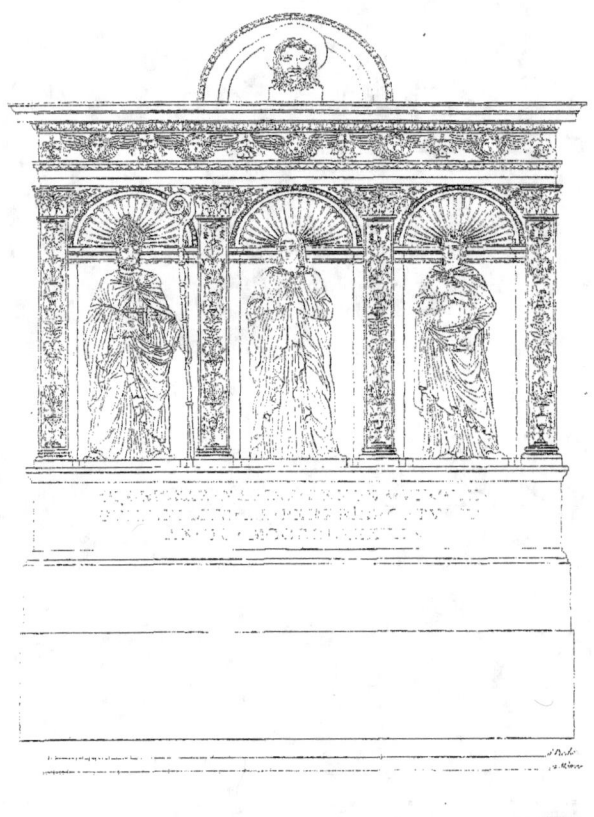

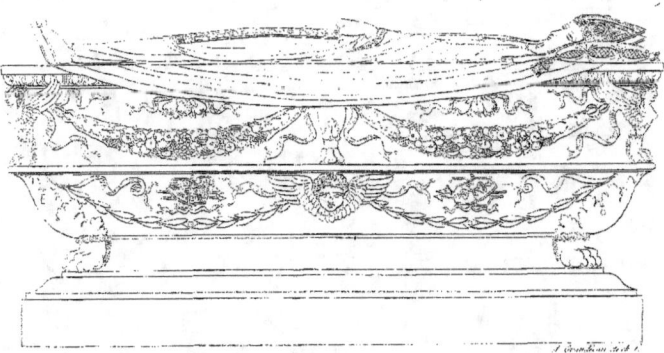

TOMBEAU SANS INSCRIPTION DANS L'EGLISE DE Ste MARIE DU PEUPLE A ROME.

TOMBEAU DE L. G. VARGAGNO DANS L'EGLISE DE L'ARA COELI A ROME. PL. 6.

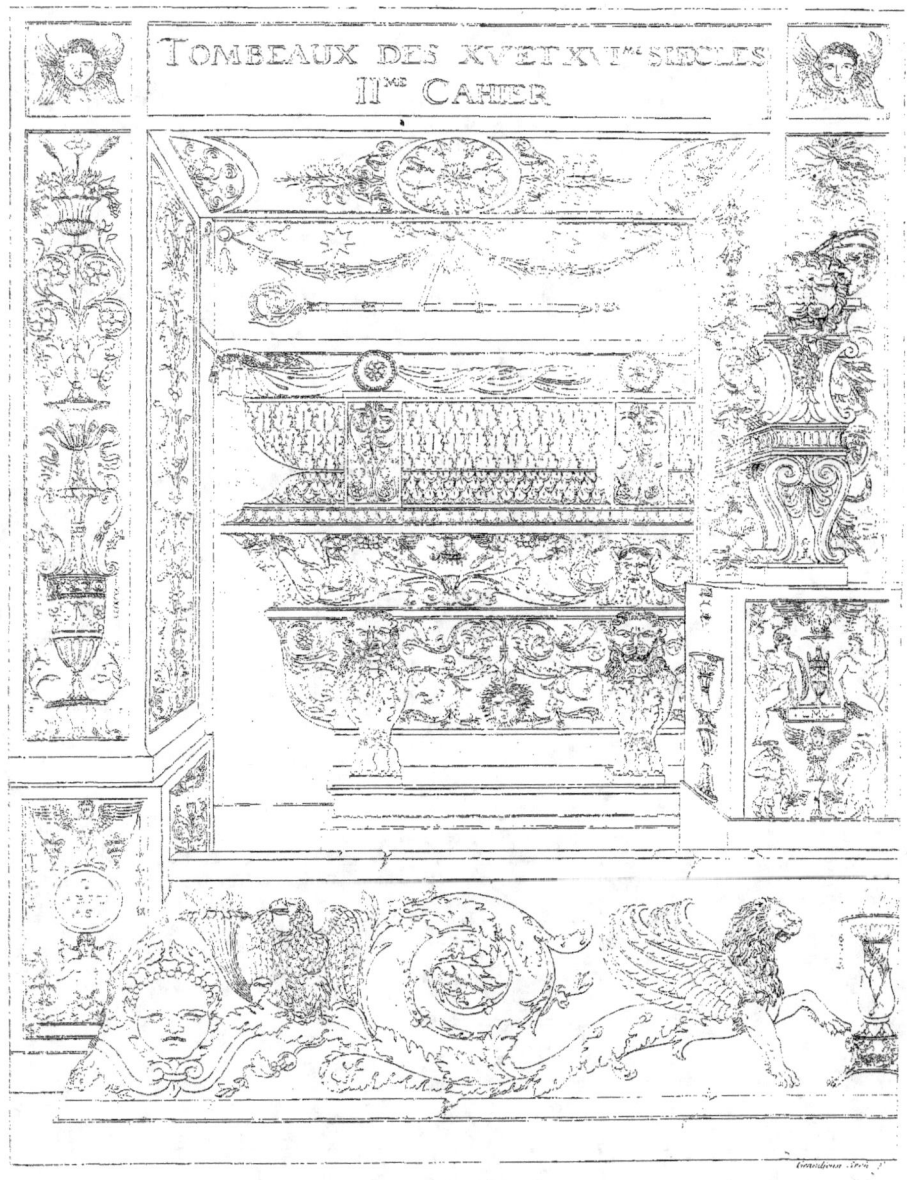

TOMBEAU DE CASTRO DANS L'ÉGLISE DE Ste MARIE DU PEUPLE A ROME.

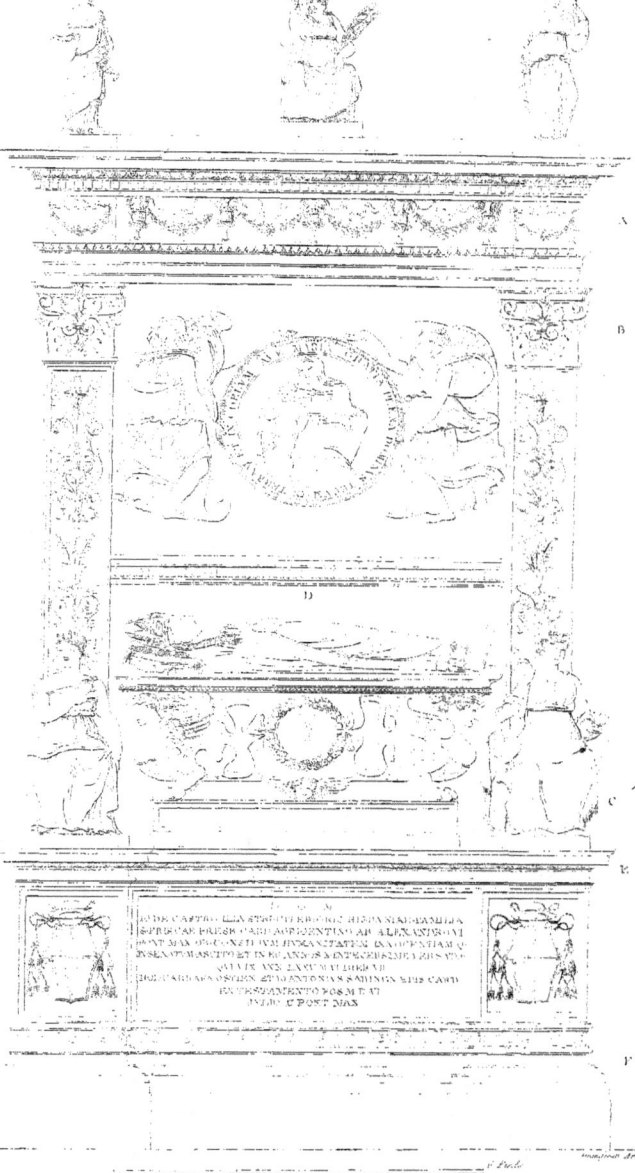

DÉTAILS DU TOMBEAU DE CASTRO.

Entablement A.

Bandeau D.

Corniche du Stilobate E.

Base du Stilobate F.

Chapiteau B.

Base C.

TOMBEAU DE PH. DE VALLE DANS L'ÉGLISE DE L'ARACŒLI,
À ROME.

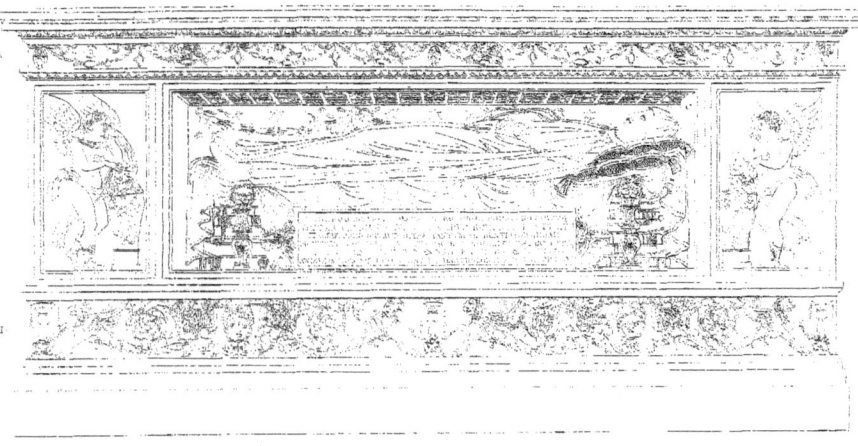

Détails du Stylobate.   Détails de la Corniche.

Échelle du Tombeau.

Échelle des Détails.

Détails des Caissons.

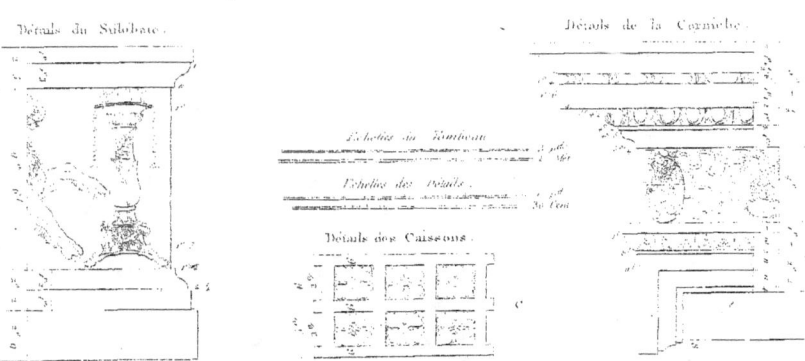

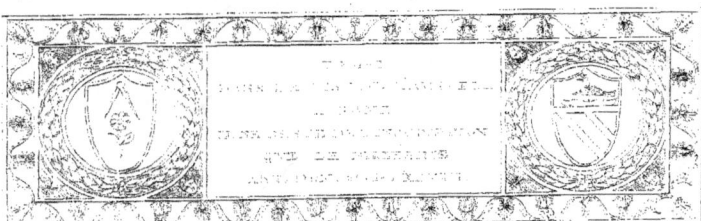

TOMBEAU DE LA FAMILLE RUCELLAI DANS L'EGLISE S.T PANCRACE A FLORENCE.

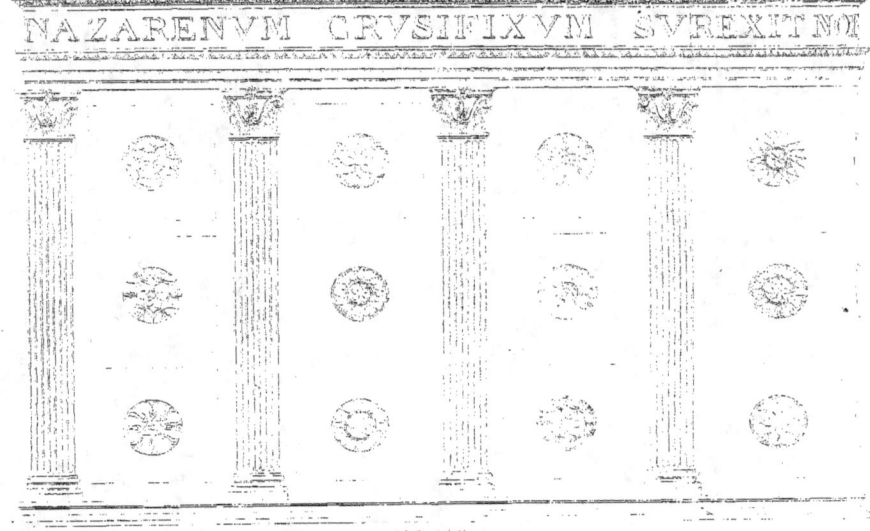

Plan du Tombeau.

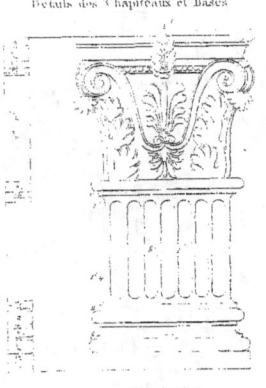

Détails des Chapiteaux et Bases

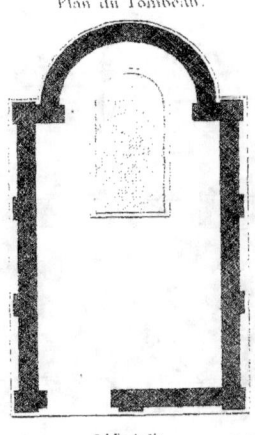

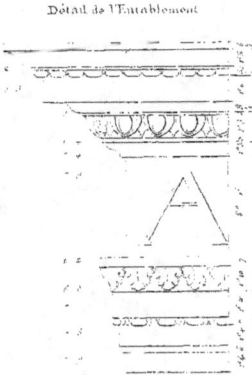

Détail de l'Entablement

Inscription dans la Frise du Tombeau

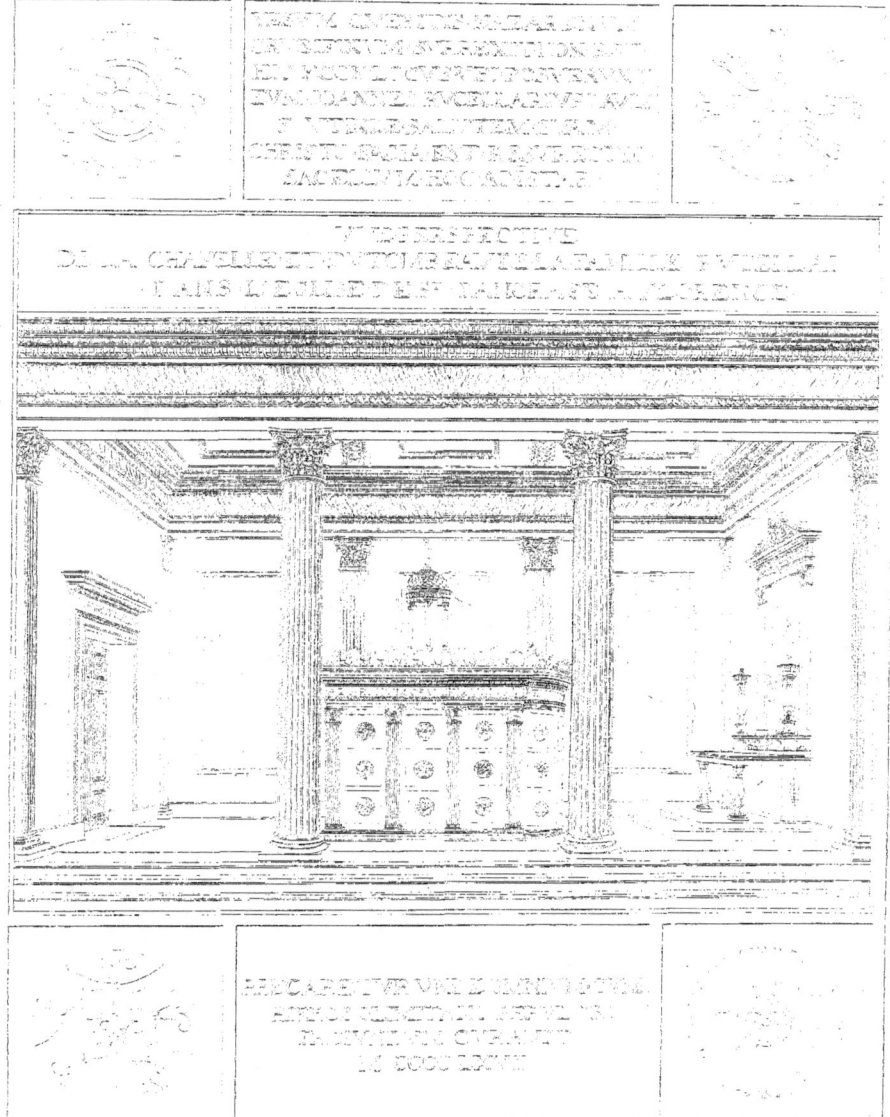

Inscription au dessus de la Porte du Tombeau.

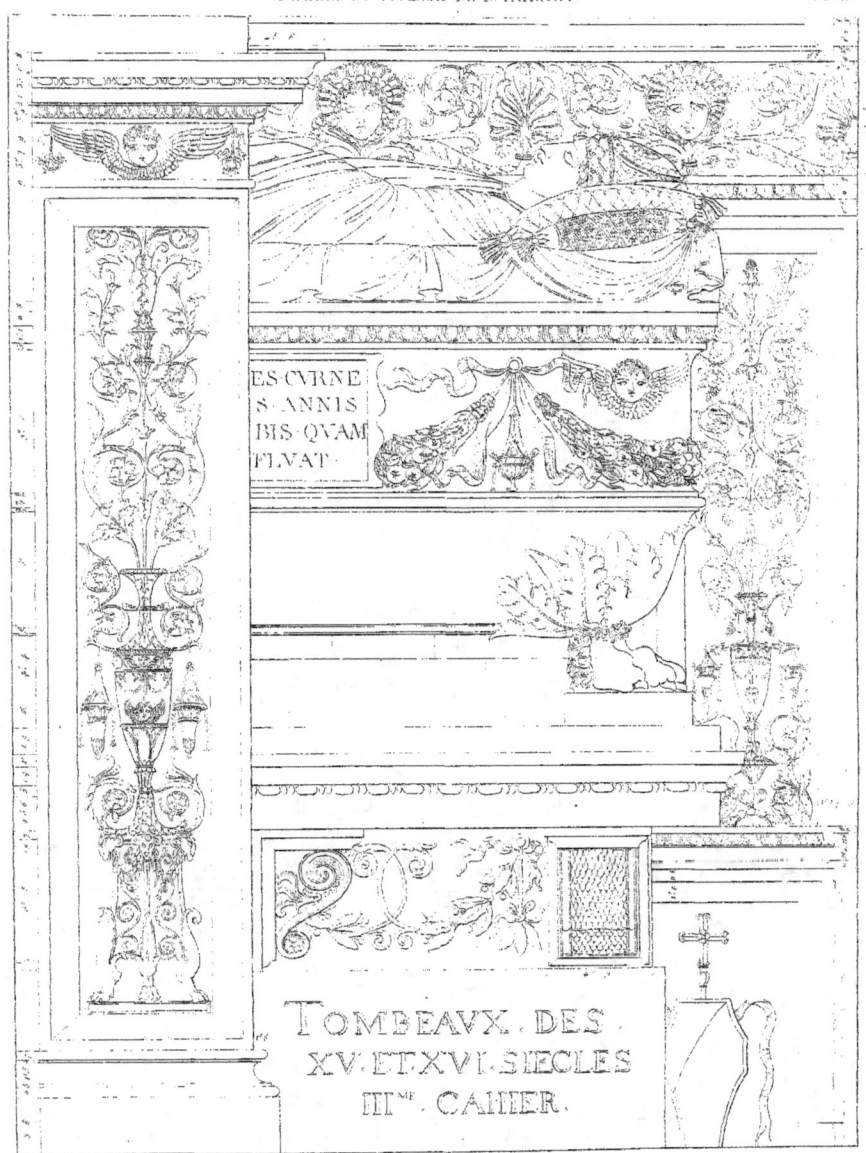

TOMBEAU DE B. PATRITIUS DANS L'EGLISE DE LA MINERVE A ROME   Pl. 14

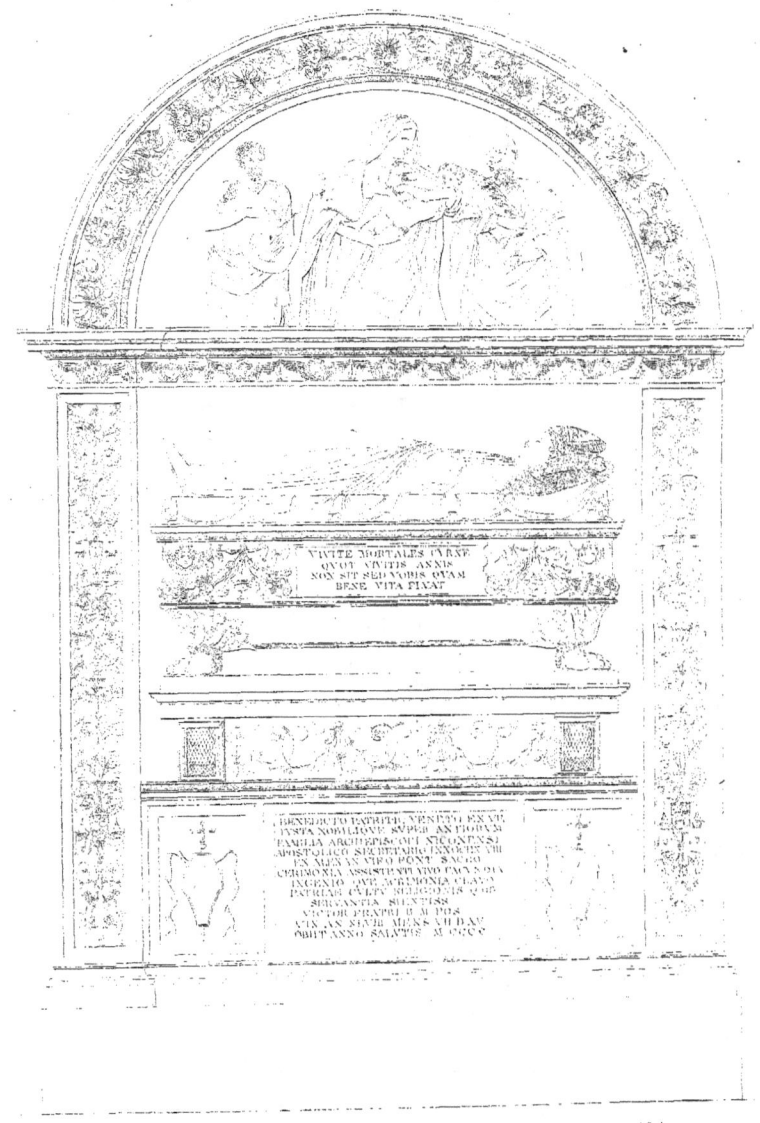

TOMBE DANS L'EGLISE DE Ste MARIE DU PEUPLE, A ROME.

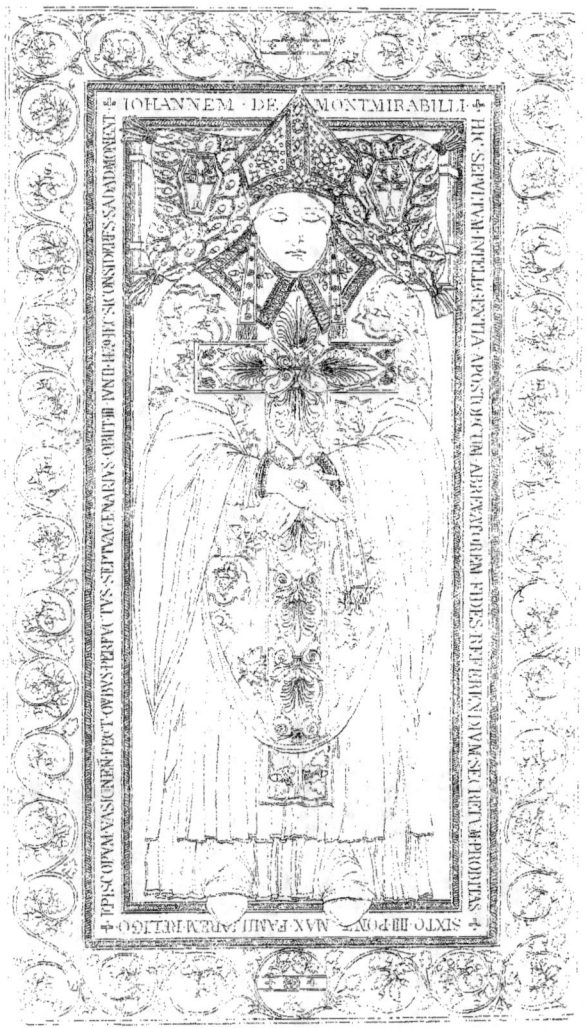

TOMBEAU DE H. BUTIUS DANS L'EGLISE DE LA MINERVE A ROME.

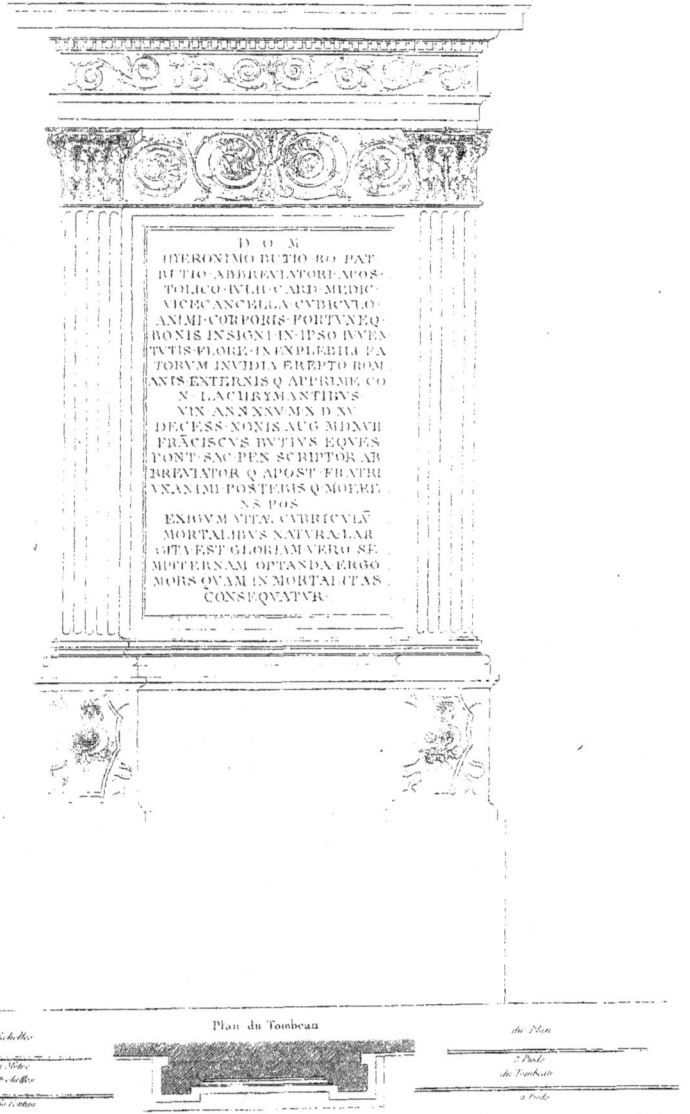

Plan du Tombeau

TOMBEAU D'A. RIDO, DANS LE VESTIBULE DE L'ÉGLISE DE Sᵗᵉ FRANCESCA ROMANA A ROME.

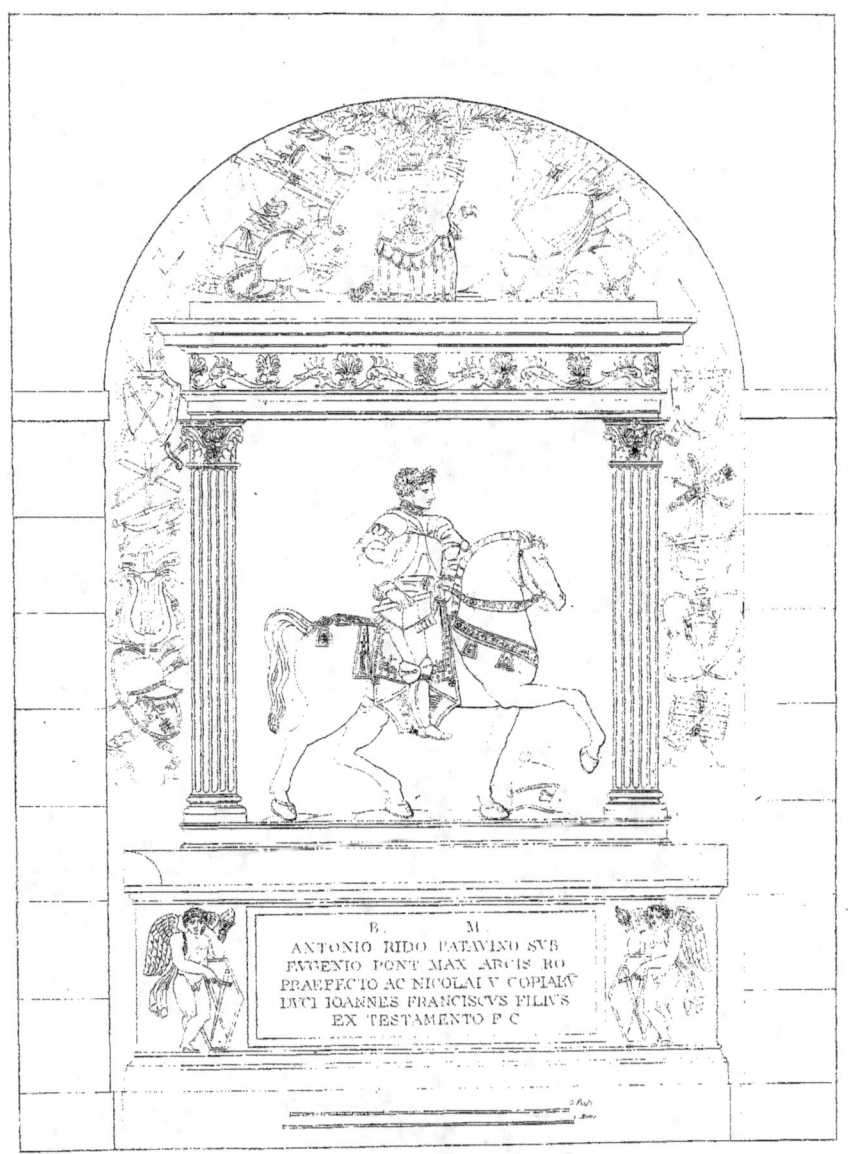

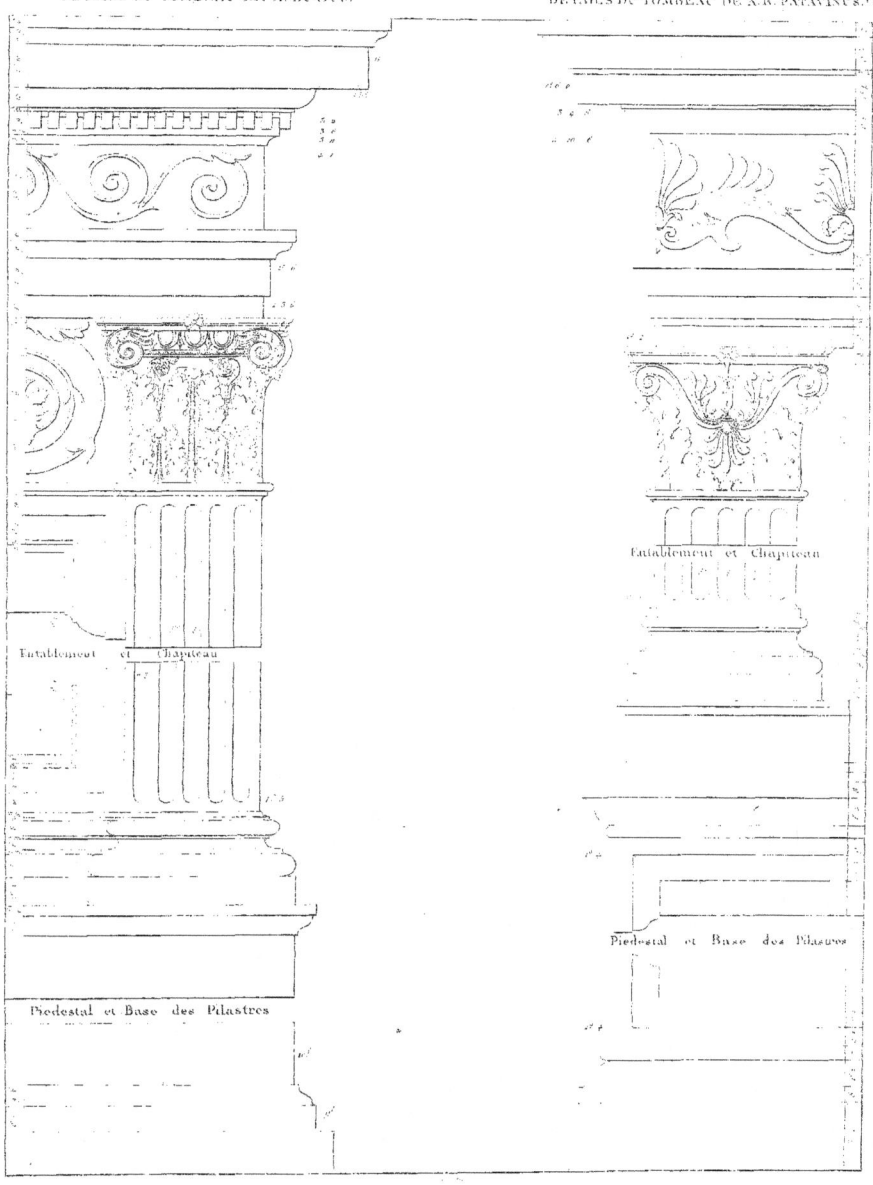

www.ingramcontent.com/pod-product-compliance
Lightning Source LLC
Chambersburg PA
CBHW050040230526
45470CB00003B/1370